AF152365

BEI GRIN MACHT SICH IHR WISSEN BEZAHLT

- Wir veröffentlichen Ihre Hausarbeit,
  Bachelor- und Masterarbeit

- Ihr eigenes eBook und Buch -
  weltweit in allen wichtigen Shops

- Verdienen Sie an jedem Verkauf

Jetzt bei www.GRIN.com hochladen und kostenlos publizieren

Denise Sula

Handlungs- und produktionsorientierter Literaturunter-richt. "Die Sockensuchmaschine" von Knister

GRIN Verlag

Bibliografische Information der Deutschen Nationalbibliothek:

Die Deutsche Bibliothek verzeichnet diese Publikation in der Deutschen National-
bibliografie; detaillierte bibliografische Daten sind im Internet über http://dnb.d-
nb.de/ abrufbar.

Impressum:

Copyright © 2007 GRIN Verlag GmbH
Druck und Bindung: Books on Demand GmbH, Norderstedt Germany
ISBN: 978-3-638-73742-5

Dieses Buch bei GRIN:

http://www.grin.com/de/e-book/71107/handlungs-und-produktionsorientierter-
literaturunterricht-die-sockensuchmaschine

GRIN - Your knowledge has value

Der GRIN Verlag publiziert seit 1998 wissenschaftliche Arbeiten von Studenten, Hochschullehrern und anderen Akademikern als eBook und gedrucktes Buch. Die Verlagswebsite www.grin.com ist die ideale Plattform zur Veröffentlichung von Hausarbeiten, Abschlussarbeiten, wissenschaftlichen Aufsätzen, Dissertationen und Fachbüchern.

Besuchen Sie uns im Internet:

http://www.grin.com/

http://www.facebook.com/grincom

http://www.twitter.com/grin_com

Entwurf der Zweiten Lehrprobe

im Fach Deutsch

Thema der Stunde: Heranführung an die Ganzschrift
„Die Sockensuchmaschine" von KNISTER

Datum: 16. Januar 2007

Zeit: 8.40 Uhr bis 9.25 Uhr

Schule:

Klasse: 3.3

Fach: Deutsch
Jahr: 2007
Thema: Heranführung an die Ganzschrift **„Die Sockensuchmaschine" von KNISTER**
Klasse: 3.3

Inhaltsverzeichnis

Anmerkungen

Zur besseren Lesbarkeit wurde in der Arbeit auf die geschlechtsspezifische Unterscheidung verzichtet. Der Einfachheit halber habe ich mich dazu entschieden in jeder Form die männliche Variante zu benutzen.

Die Verwendung der männlichen Form schließt die weibliche Form mit ein und beinhaltet keinerlei Wertung. In besonderen Fällen wird dezidiert auf das Geschlecht hingewiesen. Die Abkürzung **L** steht für Lehrer bzw. Lehramtsanwärter, **S** für Schüler.

Bedingungsfeld

1. Die Situation der Schule

Die Lehrprobe wird in D., einem Stadtteil Saarbrückens mit mehr als 20.000 Einwohnern[1], in der ---------- gehalten. Die Schule liegt innerhalb des Stadtbezirks und Stadtteiles D., inmitten eines ruhigen Wohngebietes. Das Einzugsgebiet umfasst den südlichen Ortsteil, in dem auch die Universität des Saarlandes gelegen ist. Dadurch besuchen neben den Schülern aus dem üblichen Einzugsgebiet auch Schüler, deren Eltern an der nahe gelegenen Universität arbeiten, diese Schule.

Die meisten Kinder wohnen in relativer Nähe zur Schule und legen ihren Schulweg zu Fuß zurück, andere kommen mit dem Bus oder werden von ihren Eltern mit dem Auto gebracht. Insgesamt werden 245 Schüler in elf Klassen unterrichtet. Mädchen und Jungen sind in der Schule nahezu in gleicher Anzahl vertreten. Die Jahrgangsstufen zwei bis vier werden jeweils dreizügig unterrichtet. Das erste Schuljahr umfasst zwei Klassen.

An der Schule unterrichten im laufenden Schuljahr 2006/07 dreizehn Lehrer, mehrere Referendare und Integrationslehrer.

Der Ausländeranteil ist sehr gering. Insgesamt sind 14 Schüler ausländischer Herkunft. Jedoch ist anzumerken, dass hiervon neun Schüler die deutsche Sprache nicht ausreichend beherrschen, um dem Unterricht zu folgen. In Prozentzahlen ausgedrückt bedeutet dies, dass 3,67 % der Schüler ohne ausreichende Deutschkenntnisse am Regelunterricht teilnehmen. Es wird jedoch versucht, diese Schüler durch Sondermaßnahmen, wie etwa dem „Integrationsunterricht für Ausländer" explizit zu fördern.[2]

Die Schule ist eine Modellschule für Frühfranzösisch. Das besagt, dass die Schüler bereits ab dem ersten Schuljahr im Fach Französisch unterrichtet werden. Dieser wird durch eine Muttersprachlerin erteilt.

---

[1] vgl. Internet 1
[2] Daten wurden entnommen aus: Unterrichtsverteilungsplan –Grundschulen- 2006 / 07, Stichtag 14. September 2006

Seit 1999 wird die Grundschule durch die Schulleiterin, Frau F., geleitet. Seit dem Beginn des laufenden Schuljahres steht ihr stellvertretend Frau M. zur Seite.

Die Außenanlage der Schule besteht aus einem großen asphaltierten Schulhof, wobei es dennoch nicht an Grünflächen mangelt. Somit ist genug Platz zum Spielen und Toben vorhanden, wodurch die Schüler zum selbstständigen Bewegen animiert werden. Insgesamt sind genügend kindgerechte Spiel- und Bewegungsräume vorhanden. Der Schulhof ist ausgestattet mit Sitzgelegenheiten, Klettergerüsten (gemulchter Untergrund), einer Rutschbahn, sowie einem großen Spielfeld (Fußball- und Basketballfeld) mit Tartanbelag.

Außerdem besitzt die Schule eine Schulküche, einen Computerraum, einen Lehrmittelraum, einen Kopierraum, eine Turnhalle, ein Lehrschwimmbad, einen Kunstsaal, einen Werkraum, eine Aula sowie ein Direktorat mit Vorzimmer und ein großes Lehrerzimmer. Einige dieser Räumlichkeiten werden außerhalb der Schulzeit auch von den örtlichen Vereinen und der Volkshochschule genutzt.

Die Schule ist eine freiwillige Ganztagsschule. Die Eltern haben die Möglichkeit, ihre Kinder nach dem regulären Schultag, nachschulisch bis 16.30 Uhr, betreuen zu lassen. Im Anschluss an den schulischen Unterricht essen die Schüler gemeinsam zu Mittag, erledigen ihre Hausaufgaben und verbringen den Nachmittag mit altersgerechten Aktivitäten. Die Betreuung wird von der Arbeiterwohlfahrt (AWO) organisiert und durch die Schule unterstützt. Außerdem wird an der Schule eine Hausaufgabenbetreuung, unter Aufsicht von Lehrern und Betreuungspersonal, der Arbeiterwohlfahrt angeboten.

Weil die Schule ein musisch-kulturelles Schulprofil verfolgt, werden zur Förderung der Begabungen verschiedene Arbeitsgemeinschaften angeboten, die durch Künstler aus unterschiedlichen Bereichen betreut werden. Diese werden von vielen Schülern besucht und sollen ihre Kreativität entwickeln und fördern.

Zurzeit kann zwischen den Arbeitsgemeinschaften Chor, Buchgestaltung, Computer, Fußball, Garten, Kunst, Theater und Töpfern gewählt werden. Mehrere dieser Angebote finden donnerstags nach der fünften Stunde statt.

An diesem Tag endet der Schultag für alle Klassen um 12.30 Uhr, so dass alle Schüler die Möglichkeit haben, eine Arbeitsgemeinschaft zu besuchen. Die Teilnahme an den Arbeitsgemeinschaften ist für das ganze Schuljahr verpflichtend.

Des Weiteren wird samstags im Rahmen der Kooperation Schule & Verein eine Schach - AG angeboten. Diese wird von der Schachvereinigung Saarbrücken sowie einer Elterngruppe der Schule geleitet.

2. Die Situation der Klasse

Die Klassenlehrerin, Frau S, unterrichtet die Klasse 3.3, die aus 17 Schülern besteht. In der Klasse sind fast zwei Drittel der Schüler Mädchen (10 w / 7 m). Dies hat aber keinen Einfluss auf den Unterricht, da die Klasse über ein ausgesprochen gutes Sozialklima verfügt. Alle Schüler besitzen die deutsche Staatsbürgerschaft und verfügen über genügend Deutsch-kenntnisse, um dem Unterricht folgen zu können. Die Schüler sitzen im Regelunterricht zurzeit in vier Tischgruppen.

Die Schüler sind vom ersten Schultag an den Umgang mit „richtigen" Büchern, im Gegensatz zur Fibel oder zum Lesebuch, gewöhnt. Bilder- und Kinderbücher in Einzelexemplaren und im Klassensatz spielen im Unterricht eine zentrale Rolle, ebenso die verschiedenen Lektüre begleitenden Aktivitäten, wie beispielsweise Vorlesen, Erzählen, Spielen, bildnerisches Darstellen und Weitererzählen. Ebenso wichtig wie die gemeinsame Arbeit an Büchern ist die lesefreundliche und anregende Atmosphäre in der Klasse, mit einem wechselnden Angebot verschiedener Bücher und Zeitschriften. Ebenso nutzen die Kinder die schuleigene Bücherei, um sich Bücher auszuleihen.

Das Leistungsniveau der Klasse ist als durchschnittlich gut zu bezeichnen. Es gibt neben einem ausgeprägten guten Mittelfeld wenige sehr lernstarke, aber auch nur wenige lernschwächere Schüler. Zu den leistungsstärkeren Schülern der Klasse im Fach Deutsch zählen J, V, J und S.

Diese Schüler arbeiten im Unterricht besonders gut mit und bringen fruchtbare Ideen ein. Zu den schwächeren Schülern können S, D und S gezählt werden. Die Lesefähigkeit der Schüler ist auch unterschiedlich ausgeprägt. Während etwa drei Viertel der Kinder sehr gern, gut und viel liest, gibt es einige Schüler, die zwar motiviert sind, die aber mit längeren und anspruchsvolleren Texten Probleme haben. Diese Probleme zeigen sich besonders beim betonten und zügigen Lesen, jedoch nicht bei der Sinnentnahme. Dadurch sind alle Schüler in der Lage, die ausgewählte Ganzschrift sinnentnehmend zu lesen. Das Vorlesen erfolgt flüssig und die meisten Schüler sind in der Lage sinnrichtig intonierend zu lesen. Bei wenigen Schülern (S, D) verläuft das Zusammenschleifen schwieriger und langer Wörter zum Teil noch stockend.

Die Begeisterungsfähigkeit und die Lernbereitschaft der Klasse können als gut bezeichnet werden. Alle Schüler führen ihre Arbeitsaufträge bereitwillig aus und alle sind sehr interessiert am Deutschunterricht. Es fällt ihnen nicht schwer, sich über einen längeren Zeitraum auf eine konkrete Arbeit an einer Sache zu konzentrieren.

Ausgenommen einer Schülerin. Sie hat oftmals Konzentrationsprobleme während der selbstständigen Bearbeitung eines Arbeitsauftrages und muss oft zur Weiterarbeit motiviert werden.

Insgesamt herrscht in den Unterrichtsstunden eine aktive, aber dennoch ruhige Arbeitsatmosphäre, die sehr von der guten Klassengemeinschaft geprägt ist. Die Schüler sind immer bereit, sich gegenseitig Arbeitsmaterialien auszuleihen oder Mitschülern mit Ratschlägen zu helfen. Die Arbeitsphasen verlaufen erfahrungsgemäß sehr leise. Dies zeigt, dass sich die Schüler stark auf ihre Arbeit konzentrieren und sich an Klassenregeln halten können. Der vereinbarte Ordnungsrahmen wird von allen eingehalten. Als akustisches Zeichen dient der Klangstab. Beim Erklingen beenden die Kinder ihre Tätigkeit und richten ihre Aufmerksamkeit auf die Lehrkraft.

Die Schüler sind in der Lage konstruktive Kritik zu äußern. Hierbei gehen sie sehr sensibel und behutsam in ihren Äußerungen und ihrer Wortwahl vor.

Insgesamt kann ich feststellen, dass die Klasse einen sehr engen und freundschaftlichen Umgang miteinander pflegt. Ihr Sozialverhalten zeichnet sich im Großen und Ganzen durch ihre Freundlichkeit und Umgänglichkeit, sowohl gegenüber Lehrpersonen als auch untereinander, aus. Im weiteren Verlauf möchte ich einige Schüler näher beschreiben.

A hat manchmal Probleme mit der Einhaltung der Klassenregeln und sucht immer wieder die Zuwendung ihrer Klassenkameraden oder der Lehrkraft. Dies beginnt schon zu Beginn der Unterrichtsstunde, wobei sie alle eigenen Materialien, wie Stifte oder Spitzer, verteilt und ein „Nein-Danke" der Mitschüler nicht akzeptiert und solange streitet, bis der Lehrer eingreifen muss. Oft zeigt sie auch ein geringeres Durchhaltevermögen als die restliche Klasse während der Arbeitsphase. Weiterhin stört sie häufig durch ihr unruhiges Verhalten. Sie kann nur für eine sehr kurze Zeit ruhig sitzen und lenkt durch dieses Verhalten andere vom Unterricht ab.

S hat häufig keine Lust, aktiv im Unterricht mitzuarbeiten. Das liegt vermutlich daran, dass sie sich unwohl an ihrem Gruppentisch fühlt. Es fällt auf, dass es oftmals zu kleineren Streitereien zwischen den Mädchen kommt. Aus diesem Grund erlaube ich dem Mädchen sich bei Streit umzusetzen.

V ist fähig, konstruktive Kritik anzunehmen und diese in ihrer Arbeit umzusetzen. Es kommt oft vor, dass sich ihre Mitschüler Tipps und Anregungen von ihr holen, wodurch sich dann viele Textergebnisse ähneln.

Die folgende Lernstandsdiagnose beruht auf Schülerbeobachtungen, die ich während des Unterrichts durchführte.

Name	Allgemeine Motivation im Fach Deutsch	Motivation zum Lesen	Kreativität und Fantasie
C	O	+	O
D	+	+	-
G	O	+	O
J	+	+	+
J	+	+	O
J	+	+	O
J	+	+	+
L	+	+	O
N	+	+	O
S	O	+	O
S	-	+	-
S	+	+	-
S	+	+	+
S	+	+	O
S	+	+	O
T	+	+	O
V	+	+	+

+   -> der Schüler zeigt in diesem Bereich gute bis starke Leistungen
o   -> der Schüler zeigt in diesem Bereich mittlere Leistungen
-   -> der Schüler zeigt in diesem Bereich schwache Leistungen

3. Die Situation der Lehramtsanwärterin

Seit dem 1. August 2004 bin ich als Lehramtsanwärterin für das Lehramt für die Primarstufe und die Sekundarstufe I im Schuldienst und unterrichte seit Beginn des laufenden Schuljahres in Eigenverantwortung Sachunterricht (Klasse 4.1), Sport (Klasse 3.1) und Bildende Kunst (Klasse 3.3), da die Klassenlehrerin der Klasse 3.3 einmal wöchentlich als Mentorin für Sport unterwegs ist, unterrichte im laufenden Schuljahr in Eigenverantwortung neben den beiden Kunstunterrichtsstunden jeweils eine Stunde Deutsch, Mathematik und Förderunterricht.

Im Fach der Sekundarstufe I, Deutsch, werde ich von meinem Fachleiter, Herrn M, an der Erweiterten Realschule betreut.

Im Fach Didaktik der Primarstufe wurde ich im ersten Semester von Frau ---- und im zweiten Semester von Frau ------- an der Grundschule in D. betreut. Meine Fachleiterin des laufenden Schuljahres ist Frau --------.

Vor Beginn des Referendariats habe ich an der Universität Koblenz – Landau am Campus Landau Grund- und Hauptschulpädagogik mit den Fächern Grundschulpädagogik, Germanistik und Soziologie studiert. Das Studium habe ich im März 2004 mit dem Ersten Staatsexamen abgeschlossen.

Die Situation an der Grundschule empfinde ich als sehr angenehm, da ich mich gut mit dem Kollegium verstehe und viele Kollegen mich beratend unterstützen und mir, nicht nur bei der praktischen Unterrichtsplanung, sondern auch bei dem Verlauf der Unterrichtsstunde, behilflich sind.

0. Vorwort

Viele Kinder lesen keine Bücher,

weil sie nicht lesen können.

Sie können nicht lesen,

weil sie keine Bücher lesen.

(Richard Bamberger)[3]

In der Schule, besonders im Deutschunterricht, kommen die Schüler mit Büchern in Berührung. Die Schüler entscheiden sich für oder gegen das Lesen, je nachdem wie der Literaturunterricht gestaltet wird und die Auswahl an Literatur ausfällt.

Ziel des Deutschunterrichts und des Umgangs mit Büchern sollte es sein, die Schüler zum Lesen zu animieren und zu motivieren und somit einen Aufbau bzw. eine Steigerung der Lesemotivation auf Seiten der Schüler zu erlangen, um sie zu „privaten" Lesern zu erziehen. Das Lesen hat eine besondere Bedeutung, da sich die Lesefähigkeit auch auf viele andere Schul- und Lebensbereiche positiv auswirkt.

Der Aufbau beziehungsweise die Steigerung der Lesemotivation als vorrangige Zielsetzung soll in der geplanten Unterrichtseinheit von Bedeutung sein und die kommunikative und kreative Seite der Schüler ansprechen, motivieren und fördern. Durch die handlungs- und produktionsorientierten Verfahren sollen die Schüler an literarische Texte herangeführt, ihnen die Angst vor längeren Episoden genommen werden und ihnen gezeigt werden, wie spannend und abwechslungsreich Bücher sind, denn sowohl aus fachlicher wie auch aus pädagogischer Sicht sind diese Verfahren dazu geeignet, Schüler Literatur näher zu bringen und den lustvollen Umgang mit dieser zu ermöglichen.

---

[3] vgl. Internet 2

Die Auswahl des „richtigen" Buches für die geplante Unterrichtseinheit erfolgte unter verschiedenen Gesichtspunkten.

Zum einen steht fest, dass es neben „Harry Potter" auch andere viel versprechende Bücher gibt. Jedoch sind viele Bücher entweder zu lang, zu kurz, zu langweilig oder zu schwierig und lassen oftmals wenig Spielraum für einen fächerübergreifenden Unterricht zu. Bei der ausgewählten Lektüre „Die Sockensuchmaschine" können viele Anknüpfungspunkte für andere Fächer und interessante Umsetzungsideen im Unterricht verwirklicht werden.

1. Sachanalyse

1.1 Handlungs- und produktionsorientierter Literaturunterricht

Der Begriff des handlungsorientierten Unterrichts wird von Haas/Menzel/Spinner[4] aus fachdidaktischer Sicht erweitert zum handlungs- und produktionsorientierten Literaturunterricht. Bei diesem Unterricht liegt die Gewichtung auf der Förderung der Lesemotivation. Hierbei wird davon ausgegangen, dass dies nur möglich ist, wenn sich die Schüler mit allen Sinnen, so weit wie möglich selbstständig und eigenproduktiv mit den Texten verbinden können. Handlungsorientierter Unterricht setzt auf die Selbstständigkeit der Schüler und verbindet durch ganzheitliches Tun kognitive, sinnliche und affektive Zugänge miteinander. Durch den Zusatz produktionsorientiert wird hervorgehoben, dass sich die Schüler selbstständig, literarisch schreibend mit Texten beschäftigen sollen.

Im Bereich des handlungs- und produktionsorientierten Literaturunterrichts gibt es wichtige Mischformen mit unterschiedlichen Akzentuierungen.

Drei Autoren und deren Konzeptionen möchte ich im Folgenden kurz darstellen, da diese in meiner Unterrichtseinheit besonders zum Tragen kommen.

Wolfgang Menzel ist Vertreter der operativen Methoden, die den Schülern einen experimentierenden Umgang mit Textelementen anbieten. Er unterscheidet zwischen zwei wichtigen Verfahren, dem vorausgestaltenden Verfahren und dem nachgestaltenden Verfahren.

Kaspar H. Spinner hebt die Entfaltung der inneren Vorstellungskraft hervor und betont den Beitrag der produktiven Verfahren für die Wahrnehmungssensibilisierung, Identitätsentwicklung sowie die Fähigkeit, sich in fremde Sichtweisen (Empathie) hineinzuversetzen.
Gerhard Haas legt den Schwerpunkt auf die sinnlich-individuelle Aneignung von Literatur, aus diesem Grund bezieht er vielfältige Formen des sprachlichen, bildnerischen und musikalischen Gestaltens mit ein.

---

[4] vgl. Waldmann 2004, S. 42.

1.2 Der Begriff der „Kinder- und Jugendliteratur"

Kinderliteratur ist ein Sammelbegriff für die gesamte Produktion von Werken für Kinder und zugleich die Bezeichnung für Produkte, die für Kinder, die noch nicht das Pubertätsalter erreicht haben, hergestellt und angeboten werden.[5] Jugendliteratur wird auch als Übergangs- oder Schwellenliteratur bezeichnet, da Jugendliche keine Kinderliteratur, aber auch noch keine Erwachsenenliteratur, lesen. Jedoch gibt es auch Abweichungen in obere und untere Alters- und Interessenbereiche.

1.3 Der Autor der Ganzschrift „Die Sockensuchmaschine"

Der deutsche Autor Ludger Jochmann mit dem Künstlername KNISTER wurde 1952 in Bottrop geboren. Er studierte Sozialpädagogik und Rhythmik in Essen und arbeitete als Sonderpädagoge.

Ludger Jochmann ist seit 1978 ein erfolgreicher Kinderbuchautor und hat mehr als 30 Bücher geschrieben, die in viele Sprachen übersetzt wurden.

1.3.1 Gestaltung, Form und Sprache der Ganzschrift

Die Lektüre, die 64 Seiten mit zahlreichen Schwarz-Weiß-Illustrationen von Wahed Khakdan und einem übersichtlich gestalteten Schriftbild umfasst, ist besonders für die zweite und dritte Klasse geeignet. Die Illustrationen werden dem Lesealter der angesprochenen Schüler gerecht, unterstützen den Text und sind besonders eine Hilfe für schwächere Kinder.

Das Titelbild ist farblich angemessen gestaltet und deutet auf den Inhalt des Buches hin. Der Sprachstil des Textes ist kindgemäß und die Sätze sind einfach und übersichtlich nach Sinneinheiten pro Zeile gegliedert. Der Autor setzt die Sprache spielerisch und kreativ ein. Er nutzt oftmals einfache und somit leicht einprägsame Reime, die gleichzeitig einen Sprechrhythmus vermitteln. Außerdem wird die Geschichte durch die mehrfach verwendete wörtliche Rede anschaulicher und lebendig. Der Text ist im Präsens geschrieben. Es werden keine Fremdwörter verwendet.

---

[5] vgl. Kaminski 1998, S. 65

1.3.2 Inhalt der Ganzschrift

Jonas, ein etwa achtjähriger Junge, spielt die Hauptfigur in der Lektüre. Er ist Besitzer eines Wellensittichs namens Max. Diesem vertraut er alles an. Auf dem Schulweg hat Jonas etwas entdeckt. Ein neuer Nachbar ist eingezogen und die ganze Nachbarschaft erzählt sich seltsame Dinge und redet über den Mann: Als er das erste Mal einkaufen gegangen ist, hat er ein Glas Marmelade, einen Kopfsalat und 47 Flaschen Salatöl gekauft. Außerdem sind bei seinem Einzug fünf Möbelwagen mit hundert silbernen Kisten gekommen. Der seltsame Mensch ist Erfinder. Jonas hat das neu angebrachte Türschild, auf dem „Professor Justus Turbozahn, Erfindungen aller Art" geschrieben ist, entdeckt. Den will Jonas unbedingt kennen lernen.

Als der Junge den Professor zum ersten Mal besucht, wird er durch einen singenden und in Reimen sprechenden Roboter empfangen und zu dem Professor gebracht. Die beiden verstehen sich auf Anhieb. Der Professor und Jonas treffen eine Abmachung, da dem Professor die Ideen für Erfindungen ausgegangen sind: Jonas beauftragt den Professor mit neuen Erfindungen und „bezahlt" diese mit weiteren Ideen für Erfindungen. Die erste Erfindung, eine Morgenbrille mit Rollo zum langsamen Wachwerden oder Verdunkeln, die sich auch hervorragend zum Abschreiben in der Schule eignet, ist schnell erfunden und hergestellt. Die zwei weiteren Aufträge, mit denen Jonas die Morgenbrille „bezahlt", erweisen sich als komplizierter. Jonas wünscht sich eine Sockensuch- und eine Anziehmaschine. Nach einer zweiwöchigen Arbeitsphase kann der Professor Turbozahn seine Socken-Anziehmaschine vorführen. Der Professor hat beide Aufträge zu einer Erfindung komprimiert. Als Jonas und der Erfinder die Maschine testen, funktioniert diese jedoch anders als erwartet. Der Sockenmagnet der Maschine ist zu stark und die Steuerung der anderen Funktionen verläuft unkontrolliert, so dass Jonas und der Professor ebenfalls samt Kühlschrank angezogen werden und hilflos an der Erfindung fest hängen. Jonas kann sich befreien und zieht im letzten Moment den Stecker. Der Professor muss seine Erfindung überarbeiten und Jonas, der nach diesem Zwischenfall etwas zerrupft aussieht, muss sich zu Hause den Fragen seiner Mutter stellen.

2. Didaktische Analyse

2.1 Didaktische Diskussion

Die Ganzschrift „Die Sockensuchmaschine" eignet sich gut zur Behandlung in einem dritten Schuljahr, da es durch das zentrale Thema „Erfindungen" und die Art und Weise, wie dieses behandelt wird, die Schüler und deren Interessen anspricht. Auch die Tatsache, dass sich der Protagonist im Alter der Leser befindet, trägt zu der Tatsache bei, dass sich die Schüler mit diesem leichter identifizieren können. Die Lektüre bietet vielfältige Möglichkeiten des Umgangs mit gesprochener und geschriebener Sprache, die während der Unterrichtseinheit handlungs- und produktionsorientiert erarbeitet werden. Dieser handlungs- und produktions-orientierte Umgang gibt nach von Wedel-Wolff jedem Kind die Möglichkeit sich aktiv, handelnd mit dem Text auseinanderzusetzen, was zu wiederholtem Lesen des Textes führt.[6] Das Kind wird so stärker in den Text hineingenommen und am Text beteiligt. Der Inhalt wird mit eigenen Erfahrungen und Vorstellungen in Verbindung gebracht. Haas kritisiert den heute an den Schulen vorherrschenden Umgang mit Literatur. Hauptsächlich bezieht er sich auf die stark analytisch geprägte Vorgehensweise in den oberen Klassenstufen, betont aber, dass auch in der Primarstufe der kognitive Umgang mit Lektüren weit verbreitet ist, wobei die wortge-wandten und schnellen Leser einen Vorteil haben. Langsame Leser oder Schüler, die selbst wenig lesen und daher erst im Umgang mit der Lektüre geschult werden müssen, können oft nur wenig zum Unterricht beitragen, was zwangsläufig zu einem Literaturverdruss und einer Leseunlust führt. Dies steht auch im Gegensatz zum vorläufigen Lehrplan Deutsch, dieser fordert „positive Erfahrungen mit Texten, die dazu führen sollen, dass auch zu Hause viel und gerne gelesen wird.[7] Er vertritt die Meinung, dass für viele Schüler der Weg zur analytischen Intelligenz über die emotionale Intelligenz führe, beide Formen sind nicht voneinander zu trennen.

---

[6] vgl. von Wedel-Wolff 1997, S. 28
[7] vgl. Haas 2005, S. 14

Der handlungs- und produktionsorientierte Ansatz schafft eine Basis dafür, sich dem jeweiligen Text individuell zu nähern, mit ihm umzugehen, in ihn gewissermaßen hineinzugehen. In diesem Prozess kann sich das Einfühlen in im Text gestaltete Verhaltens-, Denk-, Fühl- und Sichtweisen vollziehen, denen die Schüler zunächst noch fremd gegenüberstehen, die wahrzunehmen aber für das Verstehen notwendig sind. [8]

Wichtig ist, dass die Textproduktion der Schüler nicht zum Selbstzweck werden darf, sondern sie muss über die bloße Textrezeption hinausgehen. Der Ausgangstext darf im Laufe der selbstständigen Produktion nicht vergessen und ausschließlich als Ausgangspunkt der Arbeit gebraucht werden. Genau das ist nicht Sinn und Zweck produktionsorientierter Verfahren.

Mit Hilfe des produktiven Handelns sollen sich die Schüler aktiv mit einem Text auseinandersetzen und auf diese Weise über den Text nachdenken. Durch den Vergleich eigener Texte mit dem literarischen Text, sollen sie für Gelenkstellen sensibilisiert werden, der Kontrast zwischen eigener Erwartung und Original steigert das Interesse und die Motivation, sich weiterhin mit dem Text zu beschäftigen. Der Lehrer muss sich im Klaren darüber sein, dass nicht jedes Ziel mit jeder Methode erreicht werden kann.

Handlungs- und produktionsorientierter Unterricht kann, wie anderer Unterricht auch, nur dann gut sein, wenn er sorgfältig vorbereitet wird, die Schülerfähigkeiten und die Ansprüche des Textes durchdacht wurden. Der Lehrer muss in diesem Unterricht auch andere Lösungsvorschläge von Seiten der Schüler zulassen.

2.2 Lehrplanbezug

Der vorläufige Lehrplan für das Fach Deutsch in der Grundschule wird in sechs Teilbereiche untergliedert.

Diese Teilbereiche sollen im Schulalltag integrativ ausgebildet werden. Der Schwerpunkt der geplanten Unterrichtseinheit ist schwerpunktmäßig dem Teilbereich Lesen zuzuordnen.

---

[8] vgl. Haas 2005, S.23

Aber auch Aspekte aus den anderen Bereichen, wie beispielsweise der Rechtschreibung, das kreative Schreiben, die szenische Darstellung aus dem Teilbereich Sprechen und die Wortschatzerweiterung aus dem Teilbereich des Sprachunterrichts, kommen auch zur Geltung.

Ebenso leistet die Beschäftigung der Schüler mit dem Buch einen entscheidenden Beitrag zur Medienerziehung.

Die Schule soll den Zugang zu dem wichtigsten Kulturbereich Literatur ermöglichen[9]. Somit werden die Schüler in ihrer geistigen und sprachlichen Entwicklung gefördert und können ihre Kommunikationsfähigkeit weiter ausbauen. Die Leseerziehung beabsichtigt, dass die Kinder Lesen als wert- und sinnvoll für sich und ihr Leben erfahren[10].

Das Lesen von Büchern wird in den didaktisch-methodischen Hinweisen des Lehrplans als eigenständiger Punkt der Lesemotivation hervorgehoben, womit zum Ausdruck kommt, dass auch der Lehrplan die Dringlichkeit derer erfasst und einbezieht.

Die Leseerziehung zielt darauf ab, dass Kinder Lesen als wertvoll und sinnvoll für sich und ihr Leben erfahren. Angestrebte Lernziele des Lesens sind demnach nicht nur der Erwerb der Lesefertigkeit, sondern auch die Lesefähigkeit und die Lesemotivation.

Die Schüler sollen literarische Texte und Sachtexte verstehen, mit ihnen umgehen und sich kritisch mit ihnen auseinandersetzen[11].

2.3 Relevanz für die Schüler

In unserer Zeit erfüllen immer mehr die audio-visuellen und auditiven Medien das Bedürfnis der Kinder nach Unterhaltung. Etwa 83 % der sechs- bis neunjährigen Kinder verbringen ihre Freizeit mit Fernseher und Computer.[12] Durch gezielte Kampagnen der Unterhaltungs-industrie wird den Heranwachsenden suggeriert, dass nur die modernen Medien ihnen Vergnügen bereiten können und ihrem Drang nach Spiel und Abenteuer gerecht werden.

---

[9] vgl. Lehrplan Deutsch 1991, S. 10
[10] vgl. Lehrplan Deutsch 1991, S. 14
[11] Vgl. Lehrplan Deutsch 1991, S. 10
[12] vgl. Landherr 1996, S. 13

Im Wettbewerb mit diesen Konsumgütern bietet das Buch scheinbar nur wenig Anreize zur Freizeitgestaltung. Die meisten Kinder verbinden mit dem Lesen literarischer Texte Anstrengung und die Vermittlung von Bildung. Aus diesem Grund nehmen sie immer seltener ein Buch zur Hand.

Aber gerade Bücher können einen Raum für unbeschränkte Fantasie, Freude und Kreativität bieten, denn Bücher können helfen, gegenwärtige und zukünftige Lebenssituationen einzuschätzen und zu meistern. Darüber hinaus leistet das Buch einen wichtigen Beitrag zur kindgemäßen Schul- und Lebensgestaltung, denn es trägt besonders zur Erweiterung des Wortschatzes bei, regt für schriftliche Formulierungen an, erhöht die Rechtschreibsicherheit und verbessert die Lesefertigkeit und Ausdrucksfähigkeit.

Das Buch kann auch als Medium zur Kompensation von Stress und letztendlich als Zugang zur hohen Literatur dienen. Das Lesen von literarischen Texten trägt entscheidend zur Persönlichkeitsentwicklung der Kinder bei. Die Thematik der Lektüre ermöglicht den Schülern, einen emotionalen Zugang zu der Geschichte zu entwickeln. Dies geschieht über die Hauptfigur Jonas, er ist ein achtjähriger Junge. Außerdem bereiten die lustigen Wortkreationen, die spielerisch und kreativ eingesetzte Sprache des Buches, eine hohe Motivation und Freude zum Lesen.

Die Sprache der Lektüre ist kindgemäß und der Text ist übersichtlich gegliedert. Somit sind auch schwächere Schüler in der Lage, die Lektüre ohne große Schwierigkeiten zu lesen. Die Lesemotivation wird weiter durch einfache Reime unterstützt, die einen Sprechrhythmus vermitteln und leicht von den Schülern eingeprägt werden können.

2.4 Lernvoraussetzungen in Bezug auf die Lehraufgabe

Die Schüler sind mit unterschiedlichen literarischen Texten vertraut und der Umgang in handlungs- und produktionsorientierte Arbeitsformen ist den Schülern ebenfalls Formen bekannt. Eine wichtige Voraussetzung ist die Bereitschaft zum selbstständigen Lesen.

Diese Lesemotivation ist bei allen Schülern der Klasse vorhanden. Auf die Fähigkeit zum sinnentnehmenden Lesen kann bei allen Schülern zurückgegriffen werden.

Anzumerken ist, dass einige Schüler noch langsam lesen und ihnen das Lesen oftmals Mühe bereitet. Deshalb haben sie auch Schwierigkeiten, Inhalte eines größeren Textes beim ersten Lesen zu erfassen. Sie wären mit dem Lesen eines längeren literarischen Textes zum jetzigen Zeitpunkt überfordert.

2.5 Didaktische Reduktion

Der handlungs- und produktionsorientierte Literaturunterricht bietet etliche Möglichkeiten für den Umgang mit einem Kinderbuch und dessen Einführung, auf die ich an dieser Stelle nicht weiter eingehen möchte.

Ich habe aus den vielfältigen Spektrum der Möglichkeiten diejenige ausgewählt, die meines Erachtens für den Zweck und das verfolgte Ziel am sinnvollsten im Hinblick für diese Unterrichtsstunde erscheint.

Die zentrale Aufgabe für die Schüler liegt darin, dass sie das Geschehen der Geschichte antizipieren. Bei dieser Antizipation vermuten die Schüler aufgrund einer Überschrift oder eines Textteils, wie die Lektüre weiter geführt wird. Sie müssen sich in den Text hinein-versetzen und ihre Fantasie einsetzen.

Der Aufbau beziehungsweise die Steigerung der Lesemotivation erfolgt, denn sie werden neugierig, wie der Text „echt" weiter geschrieben ist.

Durch das Antizipieren von Textteilen lassen die Schüler sich auf den Textinhalt ein und kombinieren ihn mit eigenen Vermutungen. Hierbei müssen sie die Kernaussage richtig verstanden haben, um eine Fortsetzung schreiben zu können, die zum Textanfang der vorliegenden Lektüre passt.

Diese Methode dient dazu, dass die Schüler neugierig auf den Originaltext und somit zum Lesen motiviert werden. Indem sie ihre Ideen mit dem Werk vergleichen, bieten sich Gelegenheiten für Gespräche, die die sprachliche Entwicklung der Schüler fördern.

Der beschriebene Einstieg in die Unterrichtsstunde wurde gewählt, da die Antizipation und die Hypothesenbildung wesentliche Bestandteile des Leseprozesses[13] sind und das Verfahren für den Ausbau der Lesekompetenz von großer Bedeutung ist. Die Methode der Antizipation lässt den Schülern viel Freiraum zum eigenen Überlegen und kann alle Schüler der Klasse zu dem übergeordneten Unterrichtsziel führen.

2.6 Mögliche Schwierigkeiten

Das Buch ist laut Verlag für die Alterstufe der Klasse vorgesehen, d. h. es sollte inhaltlich von den Kindern erfasst werden können. Dennoch gibt es komplexere Textpassagen, die ungeübten Lesern Schwierigkeiten bereiten können.

Auch der Gebrauch von Fachwörtern (z.B. Wellensittich) erschwert basierend auf Sachwissen das sinnerfassende Lesen.

Aus diesem Grund sind Wortklärungen und das Erschließen der Bedeutungen aus dem Kontext erforderlich. Diese Schwierigkeiten werden durch Unterrichtsgespräche im Plenum und geplante Differenzierungsmaßnahmen behoben, denn einigen Schülern wird ein zusätzliches Blatt ausgeteilt. Auf diesem sind einige Wörter durch eine bildliche Darstellung erklärt. Dies trägt zum besseren Verständnis des zu lesenden Textabschnittes bei.

Ansonsten werden in der Durchführung der vorliegenden Unterrichtsstunde keine weiteren Schwierigkeiten gesehen, da das geplante Lernziel bezogen auf die Klasse ist und das vorrangige Ziel der gesamten Unterrichtseinheit der lustvolle Umgang mit Literatur ist.

---

[13] vgl. Altenburg 1991, S. 19

3. Lehr- und Lernziele

3.1 Grobziel

Die Schüler sollen an die Ganzschrift „Die Sockensuchmaschine" von KNISTER herangeführt werden und sich mit dem Text handlungs- und produktionsorientiert auseinander setzen.

3.2 Feinziele

Die Schüler sollen...

- das Titelbild der Lektüre betrachten und beschreiben, indem sie ihre Gedanken, Eindrücke und Assoziationen formulieren.
- mögliche Inhalte des Buches anhand des Titelbildes antizipieren.
- sich mit den Protagonisten der Lektüre vertraut machen und einen emotionalen Zugang zu dem Buch finden.
- die Ausgangssituation des Buches verstehen, indem sie Vermutungen aufschreiben, wie Jonas sich fühlt und wie die Geschichte weitergehen könnte.
- ihre Vermutungen über das weitere Textgeschehen äußern.
- sich einen vorgegebenen Textabschnitt durch selbstständiges Erlesen aneignen und verstehen und so das sinnerfassende Lesen üben.
- zum Lesen motiviert werden und sich intensiv mit dem Inhalt und der Sprache des Buches auseinandersetzen.
- durch das Lesen ihre Lesefertigkeiten und Lesefähigkeiten ausbauen und ihre Lesekompetenz weiter entwickeln.
- zu dem vorgegebenen Textanfang des Buches einen möglichen Verlauf antizipieren und diesen aufschreiben.

4. Methodische Analyse

Das ausgewählte Buch ist aus unterschiedlichen Gründen zur Behandlung in einem dritten Schuljahr geeignet. Es eignet sich sowohl auf Grund des Inhaltes als auch auf Grund der methodischen Möglichkeiten, die es eröffnet. Es gibt unterschiedliche Verfahrensweisen zur Texterschließung im handlungs- und produktionsorientierten Literaturunterricht. Bei der Planung der Unterrichtseinheit erfolgte eine Orientierung an den durch Erika Altenburg vorgeschlagenen Methoden zur Texterschließung. Ich erachte diese Methoden als sinnvoll, da sie zum stillen, selbstständigen und sinnentnehmenden Lesen anregen.

Eine Methode, die in der geplanten Unterrichtsstunde zum Tragen kommt, ist das Antizipieren von Textteilen.

Antizipation und Hypothesenbildung stellen wesentliche Bestandteile des Leseprozesses dar.[14] Der Text wird bis zu einer vorgegebenen Stelle gelesen. Die Schüler machen sich Gedanken über den Fortgang und notieren diese. Somit lernen sie, sich in den Text zu versetzen und verbinden ihn mit ihren Überlegungen. Sie werden über den Weitergang der Geschichte neugierig und wollen erfahren, ob sie mit ihren Vermutungen Recht haben. Dabei wird das Prinzip des Freien Schreibens ein Bestandteil des Unterrichts sein. Durch das Freie Schreiben werden die Kreativität und die Ausdrucksform gefördert. Außerdem kann die Rechtschreibleistung verbessert werden, da sie Wörter aus dem Text wiederholt lesen und schreiben.

Das Thema „Erfindungen" ist für die Kinder sehr interessant und Fantasie anregend. Außerdem ist in der Lektüre viel Wortwitz durch lustige Wortkreationen zu finden. Das Lesen dieser Wörter ist für leseschwächere Schüler zum Teil mühsam, aber auch motivierend.

4.1 Organisatorische Rahmenbedingungen

Die vorliegende Lehrprobenstunde findet in der zweiten Stunde im Klassensaal der Klasse 3.3 statt. Die Tische sind zu vier Gruppentischen gestellt. Dadurch gibt es genügend Platz, um sich im „Kinositz" einzufinden.

---

[14] vgl. Altenburg 1991. S. 19

Die im Unterricht eingesetzte Lektüre wurde von der Schule angeschafft und es gibt genügend Exemplare der Ganzschrift „Die Sockensuchmaschine", da sie im Klassensatz vorliegt. Alle Arbeitsblätter, die in der Stunde genutzt werden, sind selbst erstellt.

Vor Beginn der geplanten Unterrichtsstunde muss dafür gesorgt werden, dass der Overheadprojektor in einem funktionsfähigen Zustand ist und nicht anderweitig Verwendung findet. Als Projektionsfläche wird die Wand unterhalb der Tafel genutzt. Diese Präsentationsfläche ist recht groß und bietet eine gute Lesbarkeit.

Im Vorfeld der Stunde wird die Wand unterhalb der Tafel durch ein Poster abgeklebt. Somit erfolgen bei der Präsentation mittels Folie keine Farbabweichungen in Bezug auf das Original-Cover des Buches.

4.2 Lernvoraussetzungen bezüglich der Methode

In der Klasse wurden schon zahlreiche Stunden zum Bereich des handlungs- und produktionsorientierten Umgangs mit Texten durchgeführt.

Den Schülern ist der Einstieg durch Bilder oder Wortimpulse auch aus anderen Unterrichtsfächern bekannt und sie sind in der Lage selbstständig einen Arbeitsauftrag in Einzelarbeit auszuführen.

Das Präsentieren ihrer Arbeitsergebnisse bereitet den Schülern große Freude und sie sind in der Lage, konstruktive Kritik anzunehmen und in ihrer Arbeit umzusetzen.

Der Klasse sind die für die vorliegende Unterrichtsstunde geplanten Arbeits- und Sozialformen bekannt.

4.3 Differenzierungsmaßnahmen

Das Arbeitstempo differiert in der Klasse. Diese Differenz wird durch die Schüler selbst ausgeglichen. Insofern erfolgt eine natürliche Differenzierung durch das Antizipieren und Schreiben. Hier liegt die Differenzierung in der Methode.

Die Schüler schreiben nach ihren individuellen Fähigkeiten. Somit kann die Länge der Arbeitsergebnisse nach Fertigkeit und Fähigkeit der Schüler variieren.

Schüler die keine Idee zum Schreiben der Fortführung haben, können sich aus einer „Ideenkiste" (Notfallbox) einen Zettel mit Reizwörtern beziehungsweise Sätzen entnehmen, mit deren Hilfe sie die Geschichte weiter schreiben können. Auf diese Möglichkeit der Hilfe wird erst hingewiesen, wenn einzelne Schüler der Aufgabenstellung nicht nachkommen können.

Leistungsschwächere Schüler erhalten zusätzlich eine Wörterliste mit Worterklärungen zu Begriffen, die für sie womöglich schwer zu verstehen sind. Diese werden durch zusätzliche Bilder zur Worterschließung ergänzt.

Die Einzelberatung durch die Lehrkraft, die in der Arbeitsphase stattfindet, stellt ebenso eine Form der Differenzierung dar.

Auch in den Phasen des übrigen Unterrichts kann sich jeder Schüler nach seinen individuellen Möglichkeiten einbringen.

4.4 Struktur der Unterrichtsstunde

Vorphase 3`	- Begrüßung - Schüler kommen zur Ruhe - Einfinden im Kinositz
Einstieg 5'	- Motivation - Bildimpuls durch eine Farbfolie - Schüleräußerungen werden gesammelt - langsames Visualisieren des Titelbildes
Erarbeitung I 12'	- Antizipieren und Fabulieren über den Inhalt der Lektüre - Ideensammlung - Steigerung von Interesse und Lesemotivation - Formulierung des Arbeitsauftrages - Selbstständiges Lesen - Eigenständiges Beschäftigen mit der Lektüre
Sicherung I 3'	- mündliche Zusammenfassung des gelesenen Textabschnittes - Klären von Begriffen - Textverständnis der Schüler wird deutlich
Erarbeitung II 10'	- Antizipieren über den Fortgang der Geschichte - Schüler schreiben ihre Ideen auf ein Arbeitsblatt
Präsentation 8'	- Präsentation der Schülerergebnisse - Kritische Würdigung der Arbeit - Darbietung von unterschiedlichen Lösungsmöglichkeiten - Bewusste Auseinandersetzung mit der eigenen Arbeit
Schluss 4'	- Besprechung der Hausaufgaben - Ausblick über die weiteren Stunden - Herstellen des Ordnungsrahmens - Verabschiedung der Gäste

4.5 Darstellung der Unterrichtsschritte und deren Begründung

Nicht alle Schüler bringen die gleichen Voraussetzungen in den Unterricht mit ein. Aus diesem Grund ist es eine besondere Herausforderung für den Lehrer, alternative Ansatzweisen zum herkömmlichen Literaturunterricht zu erproben, um Frustration oder Langeweile zu vermeiden. Die Motivation zum Lesen und einen kindgerechten Zugang zur Literatur werden durch den handlungs- und produktionsorientierten Literaturunterrichts erreicht.

Die *Vorphase* unterstützt die Schüler dabei, zur Ruhe zu kommen, dient der Begrüßung der Gäste und ist ein wichtiger Bestandteil der Erziehung zur Höflichkeit. Nach der expliziten Begrüßung der Gäste durch einen Schüler wird Musik abgespielt. Die Schüler legen ihren Kopf auf den Tisch oder auf die Arme, schließen die Augen und warten, bis sie von der Lehrerin angetippt werden, um sich leise in den Kinositz zu begeben. Diese Art und Weise des Einfindens im Sitzkreis besser gesagt im Kinositz fördert die Konzentration der Schüler und sie haben die Möglichkeit zur Ruhe zu kommen. Beim Kinositz sitzen die Schüler in Reihen hintereinander. Diese Sitzform bietet durch ihre engere Atmosphäre eine intensive Kommunikationsmöglichkeit untereinander und die Medien sind für alle gut sichtbar.

Der *Einstieg* der geplanten Unterrichtsstunde erfolgt durch einen stummen Impuls. Ein Ausschnitt des Titelbildes der Lektüre wird als Bildimpuls mittels eines Overheadprojektors an die Wand projiziert. Die Sichtweise wird hierbei fokussiert und konkret auf einen Teilabschnitt der Illustrationen gelenkt. Nacheinander wird gemäß einem Puzzle das Titelbild aufgedeckt und von den Schülern sprachlich beschrieben.

Die Darbietung des Titelbildes dient einerseits der Motivation und Interessenweckung der Schüler, andererseits dient das Cover dazu, dass die Schüler erkennen, dass es sich um ein Buch handelt und nicht beispielsweise um ein Gedicht. Während der *ersten Erarbeitungsphase* wartet der Lehrer Spontanäußerungen der Schüler ab und lässt sie Vermutungen zu dem Bild und zu dem Inhalt des Buches äußern. Durch diese spontanen Äußerungen antizipieren und fabulieren die Schüler über die Lektüre. Durch die gemeinsame Bildbetrachtung ist die Aufmerksamkeit der Schüler auf bestimmte Merkmale zentriert. Die Methode der Bildbetrachtung fördert die Fantasie und Kreativität bei den Kindern.

Nachdem gemeinsam über das Titelbild gesprochen wurde, sollen die Schüler einen passenden Titel für die Lektüre finden. Die Ideensammlung der Schüler wird durch die Präsentation des Titels „Die Sockensuchmaschine" beendet. In dieser gesamten Einstiegsphase ist es wichtig, dass alle Äußerungen unbewertet in das Gespräch mit einfließen, um die individuellen Überlegungen und die Vorstellungsbilder von Seiten der Schüler nicht zu zerstören.

Im Anschluss werden die Lektüren ausgeteilt und die Schüler haben kurz Zeit, um sich ihr Buch anzuschauen und durchzublättern. Durch das erste intensive Betrachten wird den Schülern die Gelegenheit gegeben, sich mit ihrem Exemplar auseinanderzusetzen. Durch die Auseinandersetzung erfolgt eine weitere Steigerung des Interesses und der Neugierde bezüglich des Inhaltes der Lektüre. Es folgt die Arbeitsanweisung. Der Arbeitsauftrag wird besprochen und wird mittels des Overheadprojektors an die Wand projiziert, sodass er für alle Schüler ersichtlich und nachzulesen ist.

Die Schüler lesen die ersten Seiten (bis S. 11) selbstständig. Somit erhalten die Schüler die Gelegenheit, nach einem gemeinsamen Einstieg, sich alleine mit dem Buch zu beschäftigen. Danach erfolgen eine mündliche Zusammenfassung des gelesenen Textabschnittes und eine eventuelle Besprechung von unklaren Begriffen. Dieses Zusammenfassen vollzieht sich in der *Sicherungsphase* und fördert zum einen die mündliche Kommunikationsfähigkeit und dient zum anderen dazu, dass der Lehrer eine Rückmeldung darüber erhält, inwiefern die Schüler den gelesenen Textabschnitt verstanden haben. Das Gespräch über den gelesenen Textabschnitt sichert das Verständnis auch der Schüler, die Schwierigkeiten beim Erlesen haben. Während der *zweiten Erarbeitungsphase* sollen die Schüler Ideen zum weiteren Verlauf der Geschichte antizipieren und auf ein hierfür vorbereitetes Arbeitsblatt schreiben. Durch das Antizipieren der Geschichte wird bei den Schülern Neugierde und Interesse aufgebaut und die Lesemotivation und Kommunikationsfähigkeit der Schüler gefördert.

In der *Präsentationsphase* lesen die Schüler ihre Arbeitsergebnisse vor. Es erfolgt eine bewusste Auseinandersetzung mit der eigenen Arbeit beziehungsweise der Arbeit der anderen im Sinne einer kritisch-konstruktiven oder auch affirmativen Stellungnahme. Die Schüler wissen nach dem Motto Tip-Top sachgebundene konstruktive Kritik an den Arbeitsergebnissen vorzunehmen und orientieren sich an den besprochenen Kriterien.

Durch die Darbietung der Schülertexte werden den Schülern individuelle Lösungsmöglichkeiten dargeboten. Wichtig ist eine reflektierte Rückmeldung der Schülerarbeiten auf der Basis eines sozialen Umgangs miteinander. Der Lehrer hält sich in dieser Phase zurück und gibt einen abschließenden Kommentar zu den vorgetragenen Ergebnissen ab.

Zum *Schluss* wird das Hausaufgabenblatt ausgeteilt und in der Klasse gemeinsam besprochen. Die Hausaufgabe dient der Wiederholung und Vertiefung des im Unterricht gelesenen Textes. Hierzu sollen die Schüler den Text nochmals lesen und mittels eines Ankreuzfahrens Richtig-Falsch-Antworten kennzeichnen. Die Schüler schauen sich das Hausaufgabenblatt an und haben die Möglichkeit Rückfragen zu stellen. Der Lehrer notiert die Hausaufgaben an der Tafel. Die Schüler schreiben die Hausaufgaben in ihr Aufgabenbuch und heften das Hausaufgabenblatt in die blaue Sammelmappe. Abschließend erfolgt die gemeinsame Verabschiedung der anwesenden Gäste.

Bei Zeitmangel:

Falls es in der Einstiegsphase zu einem Zeitmangel kommen sollte, kann die Phase der Antizipation stärker durch den Lehrer gelenkt und zeitlich verkürzt werden.

Die Schüler schreiben ihren Text so weit wie möglich. Falls einige Schüler mit dem Schreiben nicht fertig werden, können sie dessen ungeachtet, ihren Text in der Präsentationsphase vorstellen und den weiteren Verlauf mündlich darbieten.

Die Mehrzahl der Schüler sollte zumindest den Text soweit erstellt haben, dass sie einen Anfang vortragen können und ihre restlichen Ideen in mündlicher Form anknüpfen.

Bei Zeitüberschuss:

Werden die Schüler wider Erwarten mit dem Schreiben ihres Textes fertig, so dass dieser auch keiner weiteren Verbesserung bedarf, erhalten sie die Möglichkeit ihren Text ansprechend zu verzieren und eine eigene geeignete Überschrift für den gelesenen Textabschnitt zu „erfinden".

Mit solchen Fällen rechne ich jedoch nicht, da Schüler, die schnell fertig sind, oft durch Impulse der Lehrerin an ihrer Arbeit Veränderungen und Verbesserungen vornehmen. Weiterhin kann bei einem Zeitüberschuss die Präsentationsphase durch die Vorstellung weiterer Antizipationen verlängert werden.

6. Literaturverzeichnis

- ALTENBURG, E.: Wege zum selbstständigen Lesen. 10 Methoden der Texterschließung. Frankfurt a.M. 1991
- BARTNITKY, H.: Sprachunterricht heute. Frankfurt a.M. 1993
- GAILER, B.: Auers kleine Lesebegleiter zu KNISTER: Die Sockensuchmaschine. Donauwörth 2002
- HAAS, G.: Handlungs- und produktionsorientierter Literaturunterricht. Seelze 2005
- KAMINSKI, W.: Einführung in die Kinder- und Jugendliteratur. München 1998
- KNISTER: Die Sockensuchmaschine. Würzburg 2006
- LANDHERR, K.: Das Kinder- und Jugendbuch in der Schule. Donauwörth 1996
- MINISTERIUM für Bildung und Sport: Vorläufiger Lehrplan Deutsch. Grundschule Klassenstufe 1-4. Saarbrücken 1991
- SCHULZ, G.: Geschichten lesen, erzählen, schreiben, gestalten. Kinderliteratur als Anregung für einen produktiven Unterricht. Berlin 2000
- SPINNER, K.: Kreativer Deutschunterricht, Identität, Imagination, Kognition. Seelze 2001
- VON WEDEL-WOLFF, A: Üben im Leseunterricht. Braunschweig 1997
- WALDMANN, G.: Produktiver Umgang mit Literatur im Unterricht. Grundriss einer produktiven Hermeneutik. Theorie – Didaktik – Verfahren – Modelle. Deutschdidaktik aktuell. Bd. 1. Hohengehren 2004

Internet:

Internet 1
http://wikipedia.org/wiki/Dudweiler
Zugriffsdatum: 01.11.06

Internet 2
http://goetheschule-lampertsheim.de
Zugriffsdatum: 03.01.07

7. Anhang

7.1 Übersicht über die Unterrichtseinheit

7.2 Arbeitsblatt zu schwierigen Begriffen

7.3 Arbeitsblatt für den Schülertext

7.4 Reizsätze aus der Ideenkiste

7.5 Hausaufgabenblatt I

7.6 Hausaufgabenblatt II

Unterrichtseinheit

Handlungs- und produktionsorientierter Umgang mit der Ganzschrift: „Die Sockensuchmaschine"

Lehramtsanwärterin: Denise Sula
Schule: Grundschule
Klasse: 3.3
Schuljahr: 2006 / 07

Stunde	Lernziel
1. Stunde Einführung des Buches	Die Schüler sollen an die Ganzschrift „Die Sockensuchmaschine" herangeführt werden, indem sie das Titelbild betrachten, beschreiben und somit Vermutungen über den Inhalt des Buches antizipieren.
2. Stunde Lesebegegnung mit der Ganzschrift	Die Schüler sollen ihre Lesefähigkeit festigen und erweitern, indem sie sinnentnehmend lesen und Fragen zum Text beantworten.
3. Stunde Förderung der Schreibmotivation	Die Schüler sollen eine eigene Maschine (Roboter) erfinden und eine passende Geschichte verfassen.

4. Stunde Handlungsorientierte Darstellung	Die Schüler sollen sich durch ein Rollenspiel in die Darsteller der Ganzschrift hineinversetzen.
5. Stunde Einführung der Stationsarbeit	Die Schüler sollen die Lernangebote der Stationen nutzen, durchführen und somit ihr inhaltliches Wissen über die Ganzschrift vertiefen.
6. Stunde Erarbeitung und Vertiefung des Buchinhaltes Stationsarbeit	Die Schüler sollen an den Stationen weiter arbeiten und den Text mittels der Stationen erschließen.
7. Stunde Abschließendes Quiz und Reflexion	Die Schüler sollen durch ein Quiz das Wissen über die Ganzschrift überprüfen, festigen und reflektieren.

der Wellensittich	
die Türklinke	
die Socken	
die Gardinenstange	

Die Sockensuchmaschine S. 5-11

<u>Richtig oder falsch?</u>

Hast du bei dem Text gut aufgepasst? Dann kreuze an, ob die Sätze richtig oder falsch sind!

	richtig	falsch
Jonas ist ein Schuljunge.	☐	☐
Der Junge schläft auf dem Sessel neben seinem Bett.	☐	☐
Jonas hat einen Wellensittich, der Max heißt.	☐	☐
Der Wellensittich schläft nachts im Badezimmer.	☐	☐
Der Vater von Jonas weckt ihn morgens auf.	☐	☐

Jonas würde gerne eine Morgenbrille erfinden. ☐

Max und Jonas spielen im Kinderzimmer und verstecken sich. ☐

Max hilft Jonas, seine Socken zu finden. ☐

Max darf nicht in die Küche, weil die Mutter es verboten hat. ☐

1. Der Junge aus der Geschichte wünscht sich drei Dinge. Beschreibe warum er sich diese Dinge wünscht! Schreibe deine Antworten ins Heft!

2. Welche Maschine wünschst du dir? Begründe deine Antwort und schreibe sie ins Heft!

Die Sockensuchmaschine S. 5-11

<u>Richtig oder falsch?</u>

Hast du bei dem Text gut aufgepasst? Dann kreuze an, ob die Sätze richtig oder falsch sind!

	richtig	falsch
Jonas ist ein Schuljunge.	☐	☐
Der Junge schläft auf dem Sessel neben seinem Bett.	☐	☐
Jonas hat einen Wellensittich, der Max heißt.	☐	☐
Der Wellensittich schläft nachts im Badezimmer.	☐	☐
Der Vater von Jonas weckt ihn morgens auf.	☐	☐

Jonas würce gerne eine Morgenbrille erfinden. ☐

Max und Jcnas spielen im Kinderzimmer von Jonas. ☐

Der Junge findet seine Socken nicht. ☐

Max darf nicht in die Küche, weil die Mutter es verboten hat. ☐

1. Der Junge aus der Geschichte wünscht sich drei Dinge. Vervollständige die Wörter!

- M_ _ GE_B_ILLE   - A_ZIEH_A_ _ _ INE   - S_CKE_ _UCH_A_ _ _ I_E

2. Welche Maschine wünschst du dir? Begründe deine Antwort und schreibe sie ins Heft!

Der neue Nachbar ist ein Erfinder.

Jonas freundet sich mit dem Erfinder an.

Der Mann erfindet für Jonas eine......................